평범한 사람이 세상을 바꾼다 4
## 나는 아인슈타인이야!

펴낸날 초판 1쇄 2018년 4월 10일 | 초판 2쇄 2023년 5월 10일
지은이 브래드 멜처 | 그린이 크리스토퍼 엘리오풀로스 | 옮긴이 마술연필
펴낸이 신형건 | 펴낸곳 (주)푸른책들·임프린트 보물창고 | 등록 제321-2008-00155호
주소 서울특별시 서초구 양재천로7길 16 푸르니빌딩 (우)06754 | 전화 02-581-0334~5 | 팩스 02-582-0648
이메일 prooni@prooni.com | 홈페이지 www.prooni.com | 인스타그램 @proonibook | 블로그 blog.naver.com/proonibook
ISBN 978-89-6170-650-6 74990

ORDINARY PEOPLE CHANGE THE WORLD: I AM ALBERT EINSTEIN by Brad Meltzer, illustrated by Chris Eliopoulos
Text Copyright © 2014 by Brad Meltzer
Illustrations copyright © 2014 by Christopher Eliopoulos
All rights reserved.
This Korean edition was published by Prooni Books, Inc. in 2018 by arrangement with Brad Meltzer and Chris Eliopoulos c/o Writers House LLC through KCC(Korea Copyright Center Inc.), Seoul.

이 책은 (주)한국저작권센터(KCC)를 통한 저작권자와의 독점계약으로 (주)푸른책들에서 출간되었습니다.
저작권법에 의해 한국 내에서 보호를 받는 저작물이므로 무단전재와 복제를 금합니다.

＊잘못된 책은 구입한 곳에서 바꾸어 드립니다.
＊이 책 내용의 일부 또는 전부를 재사용하려면 반드시 저작권자와 (주)푸른책들 양측의 서면 동의를 얻어야 합니다.

＊이 도서의 국립중앙도서관 출판시도서목록(CIP)은 서지정보유통지원시스템 홈페이지(http://seoji.nl.go.kr)와
국가자료공동목록시스템(http://www.nl.go.kr/kolisnet)에서 이용하실 수 있습니다. (CIP제어번호:CIP2018004535)

＊보물창고는 (주)푸른책들의 유아·어린이·청소년 도서 전문 임프린트입니다.

(주)푸른책들은 도서 판매 수익금의 일부를 초록우산 어린이재단에 기부하여
어린이들을 위한 사랑 나눔에 동참합니다.

평범한 사람이 세상을 바꾼다

# 나는 아인슈타인이야!

브래드 멜처 글 | 엘리오풀로스 그림 | 마술연필 옮김

보물창고

혹시 별나다거나 이상하다는 말 들어 본 적 있니?
내가 그랬어.
내가 태어났을 때, 우리 엄마는 나처럼 머리가 큰 아기를 처음 봐서 너무 무서웠대.

난 다른 아이들과 같아지지 않았어.
난 모든 것을 나만의 방식으로, 나만의 시기에 해냈거든.
게다가 난 세 살이 될 때까지도 말을 못했어.
그리고 말을 하게 됐을 땐 어찌나 이상했던지 유모가
나에게 말하길……

'돌머리'란 뜻이야!

'도울메잉'이 무슨 뜻이에요?

이런 바보가 있나!

그게 아니라, '돌멩이'가 맞는 말 같은데요.

사람들은 내가 말하는 데 시간이 오래 걸린다고들 했어.

그런데 그건 내가 말을 해야 할 때 글자로 생각하기보다 그림을 떠올렸기 때문이야.

난 모든 낱말을 제대로 말하게 될 때까지 입술을 살그머니 움직여 나 자신에게 속삭이면서 머릿속에 있는 문장을 연습했지.

내가 어렸을 적에 사촌들은 밖에서 뛰놀며 게임을 했어.
반면에 난 혼자 노는 걸 좋아했지. 퍼즐을 맞추고, 비둘기에게 모이를 주고, 내 장난감 배가 물 위를 떠다니는 걸 가만히 바라봤지.
사촌들은 그런 날 보고 놀려 댔어.

어린 시절 가장 중요했던 순간은 내가 대여섯 살쯤에 찾아왔어.
난 아파서 침대에 누워 있었는데, 내 기분을 북돋워 주려고 아빠가 나침반을 가져다준 거야.

나는 나침반을 보고 한눈에 반해 버렸어.
아빠가 나침반을 어느 쪽으로 돌려도, 나침반의
바늘은 언제나 정확하게 북쪽을 가리켰지.

나침반의 바늘에 아무도 손대지 않았지만, 바늘은 어디를 가리켜야 할지 스스로 '알고' 있었어. 마치 보이지 않는 힘에 이끌리는 것 같았지.
바로 그때 난 느낄 수 있었어!
눈에 보이지 않는 무언가가 깊숙이 숨어 있다는 걸 말이야.

우리가 사는 지구, 하늘의 별들,
이 모든 것을 품고 있는 드넓은 공간까지
우주 전체가 법칙을 따르고 있었어.
그렇게 나침반은 내게 크고 강렬한
감동을 주었지.

우리의 삶과 우주는 수수께끼로
가득하다는 걸 나침반이 보여 주었어.
그리고 난 끊임없이 호기심을 품게 됐지.
왜 우주는 우주의 법칙대로
움직이는 걸까?

아홉 살 때, 난 블록으로 복잡한 구조물을 만들곤 했어.

엄청나게 높은 카드 집도 쌓았는데, 그 일에는 끈기와 인내가 필요했지.
하지만 난 포기하지 않았어. 여동생은 내가 카드를 14층까지 쌓는 걸 지켜봤지.

무너질 것 같아!

"아니, 안 무너져! 이 구조물은 법칙에 맞게 지어졌으니까."

게다가 난 바이올린을 연주하면서 음악 속에 있는 구조를 발견했어. 바이올린은 생각에 날개를 달아 주는 내가 제일 좋아하는 악기란다.

수학을 잘하니까 다른 과목도 모두 잘했을까?
우리 아빠에게 물어봐.

"알베르트는 좋은 점수도 받았고, 나쁜 점수도 받았어."

"심지어 꼴등을 하기도 했단다!"

"대학교를 다닐 때 물질과 에너지를 연구하는 물리학 시험을 통과하지 못했지."

"정말 지루했어요."

"그래도 그렇지 어떻게 꼴등을 하니!"

"아빠는 알잖아요! 내가 상대성 이론을 발명하리라는 걸 말이죠."

"방으로 가 반성하렴."

하지만 그때까지도 난 나의 가장 위대한 발견에 가까이 다가가고 있다는 사실을 몰랐단다.

내가 스물여덟 살 때였어. 평소처럼 앉아서 일을 하고 있는데 문득 머릿속에 그 생각이 떠올랐지.
예를 들어, 사람이 지붕 같은 데서 떨어질 때 그 사람은 자기 몸의 무게를 느끼지 못하잖아!
눈을 감아 봐. 너도 머릿속으로 그려 볼 수 있어.
사람이 떨어지는데 주머니가 열려 있었다면, 안에 있던 물건들은 그 사람 주위를 떠다니게 될 거야.

좀 별나다거나 이상하게 들릴 수도 있는데……
나에게 그건 세상에서 가장 행복한 생각이었단다.
왜냐고?
난 그 생각으로 사물의 움직임을 중력과 연관시킬 수 있었거든.
(중력은 우리가 우주로 떠올라가지 않게 막아 주는 지구의 힘이야.)
난 그 문제를 풀려고 열심히 일했어. 어려운 질문의 답을 찾는 데
8년이나 걸렸지만, 난 결국 해냈어!

그 뒤로 난 대부분의 과학자들이 진실이라고 믿는 것들을 다르게 보는 질문을 던지기 시작했어.
내 생각은 대부분의 사람들이 믿는 것과 달랐거든.
처음에 과학자들은 내 말을 들으려고도 하지 않았어.

때로는 사람들이 네 생각을 이해하지 못할 수도 있어.
네가 새로운 걸 발견했다면 더욱 그럴 거야.
하지만 이것만은 확실해. 만약 네가 생각에 생각을 이어 간다면……

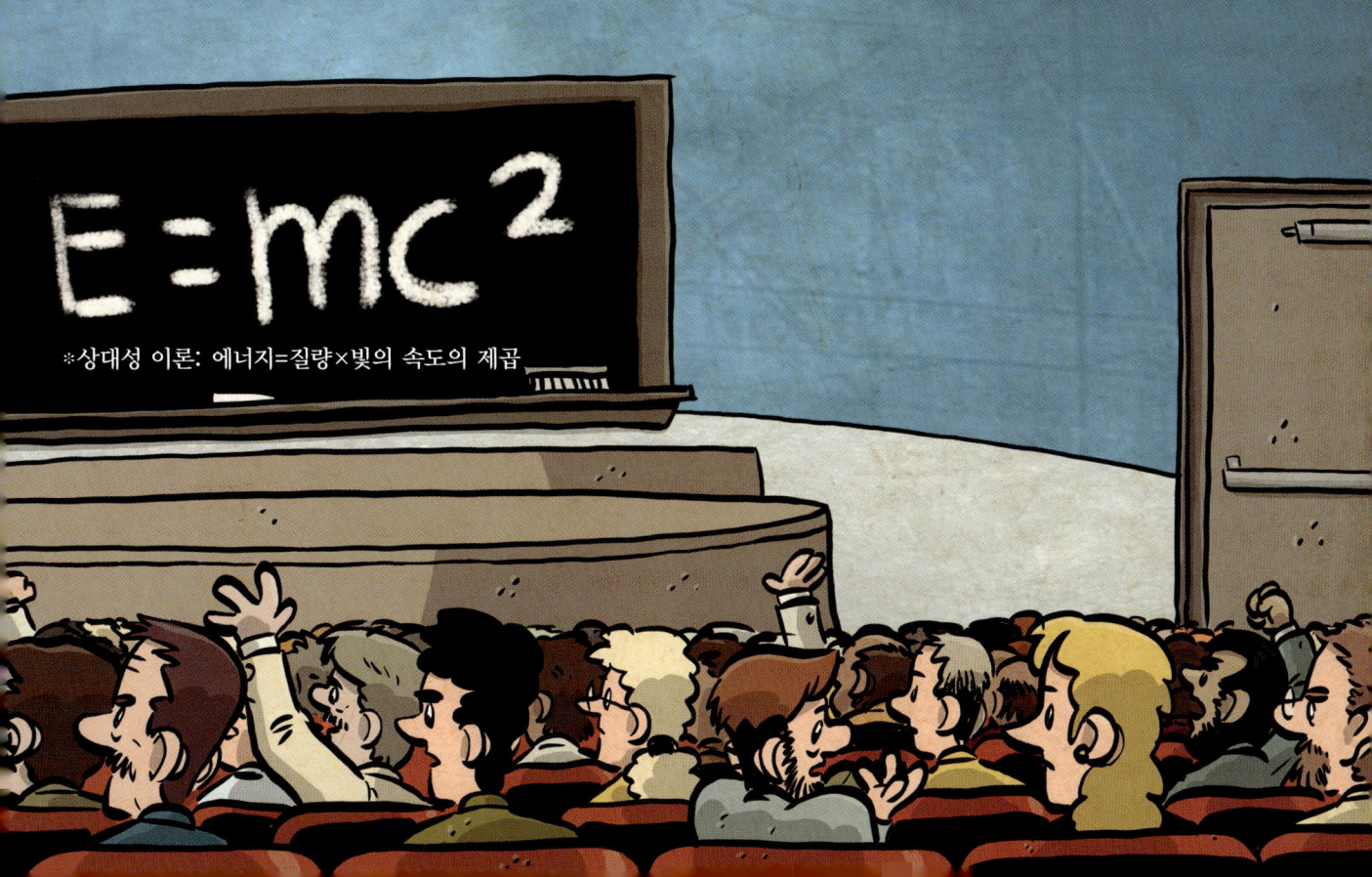

인생을 사는 동안 난 언제나 생각했어.
그리고 언제나 질문을 던졌어.
그중에서도 내가 가장 중요하게 생각하는 질문은 바로 이거야.
왜?

"왜?"라고 묻는 걸 절대 멈추지 마.
세상이 어떻게 움직이는지 생각하는 걸 절대 멈추지 마.
그리고 답을 찾으려고 노력하면서 느낀 행복을 절대 잊지 마.

꿈꾸다

호기심은 세상에서 가장 위대한 힘이야.
호기심은 너를 아무도 가 본 적 없는 곳에 데려다줄 수도 있고, 아무도 못한 일을 해내게 할 수도 있어.
그게 별나다거나 이상하게 보일까 봐 걱정되니?
아무도 신경 쓰지 않아!
사람은 한 명 한 명 다 달라.
이 지구에 너 같은 사람은 오직 너밖에 없단다.

"가장 중요한 것은 질문을
멈추지 않는 것이다.
호기심은 그 자체만으로
존재의 이유가 있다.
영원, 생명, 현실의 초자연적인
구조에 관한 수수께끼를
생각할 때 경외감을
느끼지 않을 수 없다."
-알베르트 아인슈타인

소년 알베르트와
그의 여동생 마야

항해하는 알베르트

## 일대기

| 1877년 3월 14일 | 1896년 | 1900년 | 1905년 | 1908년 |
|---|---|---|---|---|
| 독일의 울름에서 태어나다. | 17세에 취리히의 기술전문학교에 입학하다. | 교직 학위를 받다. | 취리히 대학교에서 박사 학위를 받다. | 대학의 강사가 되다. |

자전거를 타는
알베르트

72세 생일에 찍은
아주 유명한 사진

| 1919년 | 1921년 | 1933년 | 1940년 | 1955년 4월 18일 |
|---|---|---|---|---|
| 상대성 이론을 발표해 세계적으로 유명해지다. | 노벨 물리학상을 받다. | 미국으로 이민해 독일 시민권을 포기하다. | 미국 시민이 되다. | 76세에 세상을 떠나다. |

그래픽 위인전 〈평범한 사람이 세상을 바꾼다〉 시리즈는 아주 평범한 사람이었지만 마침내 모두의 영웅이 된 인물들의 일생을 담은 책으로, 어린이들이 '나도 할 수 있다!'는 소중한 꿈을 품도록 해 줍니다.

### ❶ 나는 헬렌 켈러야!

헬렌 켈러는 어렸을 때 병을 앓는 바람에 시력과 청력을 모두 잃고 말았어요. 하지만 포기하지 않고 앤설리번 선생님의 도움을 받아 사람들과 소통하는 법을 배웠답니다. 헬렌은 시각 청각 장애인 최초로 대학을 졸업했고, 장애인을 비롯해 부당한 일을 겪는 사람들을 돕는 사회 운동가가 되었어요.

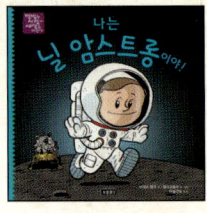

### ❻ 나는 닐 암스트롱이야!

겁이 많던 아이는 큰 나무에 오르다 그만 떨어지고 말았어요. 하지만 목표를 향해 한 발 한 발 내딛는 방법을 배우게 되었지요. 그리고 숱한 좌절을 겪으면서도 계속 도전하여, 마침내 인류 최초로 달을 밟았어요. 수십 년이 지난 지금까지도 모두 기억하는 그 위대한 이름은 바로 '닐 암스트롱'입니다.

### ❷ 나는 제인 구달이야!

제인 구달은 어렸을 때부터 동물을 좋아했어요. 그 당시 사람들은 여자는 과학자가 될 수 없다고 생각했지만, 제인은 용감하게 아프리카로 가서 야생 침팬지를 연구했어요. 그 결과, 동물에 대한 사람들의 생각을 완전히 바꿔 놓았지요. 제인은 세계에서 제일 중요한 과학자이자 환경 운동가랍니다.

### ❼ 나는 간디야!

간디는 스스로를 작고 깡마르며, 볼품없고 수줍음 많은 사람이었다고 말했어요. 하지만 결코 약한 사람은 아니었지요. 간디는 온갖 차별과 핍박 속에서도 평생 동안 침착하고 꾸준하게 비폭력 저항 운동을 펼쳤어요. 그리하여 인도를 위해 모든 것을 바꾸고, 전 세계 시민권 운동에 큰 영향을 주었지요.

### ❸ 나는 마틴 루서 킹이야!

평범하고 장난기 많은 아이였던 마틴 루서 킹은 흑인에 대한 차별로 마음에 큰 상처를 받았어요. 하지만 좌절하지 않고 인종 차별에 맞서 평화적으로 싸우기로 마음먹었답니다. 마틴은 자신이 가진 '힘 있는 말'로 사람들의 마음을 사로잡아 평화적인 시위를 이끌었고, 마침내 세상을 바꿔 놓았지요.

### ❽ 나는 마리 퀴리야!

최초로 노벨상을 받은 여성, 최초로 두 분야에서 노벨상을 받은 과학자! 그 업적만으로도 사람들을 깜짝 놀라게 하는 마리 퀴리는 "내가 해야 할 일은 내가 사랑하는 것을 쫓는 것"뿐이라고 말합니다. 마리 퀴리가 남긴 방사선 연구 결과는 오늘날 암을 치료하는 데 중요한 역할을 하고 있지요.

### ❹ 나는 아인슈타인이야!

아인슈타인은 태어났을 때부터 머리가 너무 컸고, 말을 잘 못해 놀림을 당했으며, 성적도 별로 뛰어나지 않았어요. 하지만 아인슈타인은 세상을 보는 자기만의 방식이 있었지요. 호기심이야말로 아인슈타인이 마침내 우주의 비밀을 풀고, 20세기 세계 최고의 과학자가 된 비결이랍니다.

### ❾ 나는 안네 프랑크야!

제2차 세계 대전 중 나치의 박해를 피해 숨어 지내는 동안, 자신의 삶을 솔직하게 일기로 기록한 유대인 소녀 안네 프랑크. 전쟁과 죽음의 두려움 속에서도 용기와 희망을 잃지 않고 꿈과 자유를 갈망했던 안네의 모습과 진솔한 고백은 오늘날에도 전 세계 사람들에게 깊은 감동을 줍니다.

### ❺ 나는 로자 파크스야!

로자 파크스는 그저 평범한 재봉사였어요. 로자는 어렸을 때부터 몸집도 작고 자주 아팠지만, 부당한 일에 당당히 맞서는 용기가 있었지요. 흑인인 로자가 버스에서 백인에게 자리 양보하는 걸 거부했을 때, 이는 자신의 신념을 지키기 위한 작은 행동이었지만 세상에 엄청난 변화를 불러왔지요.

### ❿ 나는 다빈치야!

르네상스 시대의 예술가이자 발명가인 다빈치는 어디에 이끌리든 항상 자신의 관심사를 따랐지요. 비행에 대한 탐구로 다빈치는 새의 날개를 연구하였고, 그의 발명 디자인은 헬리콥터와 비행 기계에 대한 최초의 스케치가 되었지요. 최고의 명화 '모나리자'와 더불어 그는 영원히 기억될 것입니다.

### 브래드 멜처
〈뉴욕 타임스〉 베스트셀러 작가인 브래드 멜처는 아빠로서 자신의 딸과 아들의 영웅이기도 합니다. 위인전 시리즈 〈평범한 사람이 세상을 바꾼다〉를 썼으며, 어른을 위한 소설도 많이 썼지요. 그뿐만 아니라, 텔레비전 역사 채널에서 여러 프로그램의 사회자로도 활동하고 있습니다. (참, 알고 있었나요? 이 위인전 시리즈에는 책마다 그림 속에 작가 브래드 멜처가 숨어 있다는 사실 말이죠.)

### 크리스토퍼 엘리오풀로스
마블 코믹스에서 그림을 그리기 시작한 엘리오풀로스는 수천 권의 만화책을 만드는 데 참여했습니다. 그리고 만화계에서 매우 권위 있는 '하비 상'을 받기도 했어요. 위인전 시리즈 〈평범한 사람이 세상을 바꾼다〉를 비롯하여 많은 어린이 책을 직접 쓰고 그렸습니다.

### 마술연필
어린이와 청소년을 위해 유익하고 감동적인 글을 쓰고 책을 펴내는 아동청소년문학 기획팀입니다. 호기심과 상상력이 풍부한 아동청소년문학 작가·번역가·편집자가 한데 모여, 지혜와 지식이 가득한 보물창고를 만들기 위해 애쓰고 있습니다. 지은 책으로 『루이 브라이, 손끝으로 세상을 읽다』, 『우리 조상들은 얼마나 책을 좋아했을까?』, 엮은 책으로 『자연에서 만난 시와 백과사전』, 『1학년 이솝우화』, 『1학년 전래동화』, 옮긴 책으로 『재미있는 내 얼굴』, 『화가 날 땐 어떡하지?』, 『마음에 상처 주는 말』, 〈평범한 사람이 세상을 바꾼다〉 시리즈 등이 있습니다.

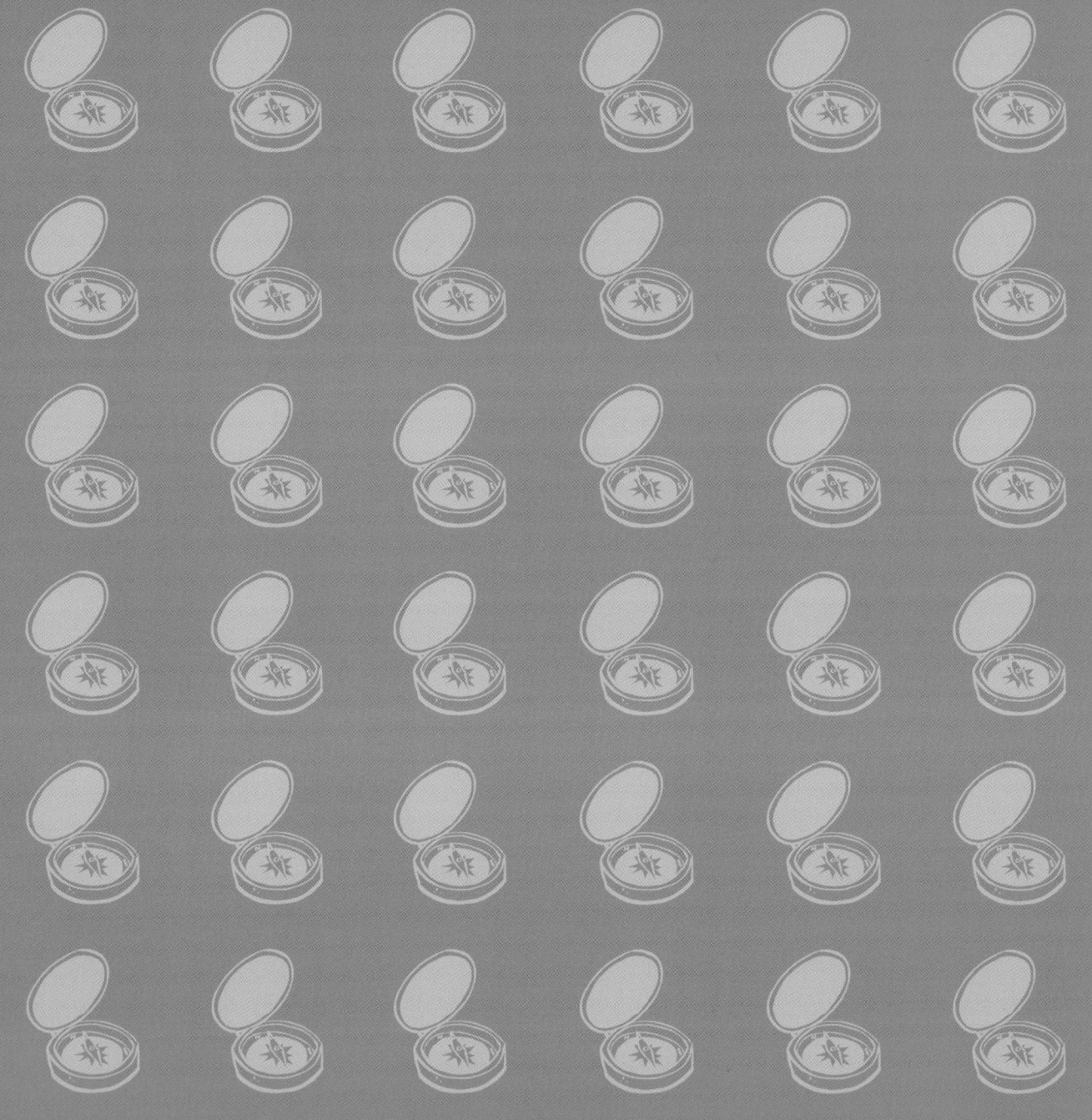